THIS BOOK BELONGS TO

_____

_____

_____

MY SCHOOL PICTURE

TO THE WORLD
You May Be One Person
But
TO ONE PERSON
You May Be
THE WORLD.

My Teachers

Field Trips

From There To Here Funny Things Are Everywhere!

Fun Activities

Special Memories

SCHOOL Snapshots

Autographs

SCHOOL **Sketches**

Autographs

Autographs

Autographs

Autographs

Autographs

SCHOOL **Sketches**

Autographs

SCHOOL **Sketches**

Autographs

SCHOOL **Sketches**

Autographs

Autographs

Autographs

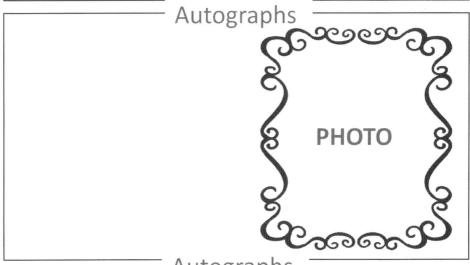

Autographs

Autographs

SCHOOL **Sketches**

Autographs

SCHOOL **Sketches**

Autographs

SCHOOL **Sketches**

Autographs

Autographs

Autographs

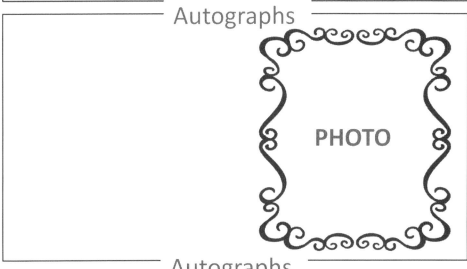

Autographs

Autographs

SCHOOL **Sketches**

Autographs

SCHOOL **Sketches**

Autographs

SCHOOL **Sketches**

Autographs

Autographs

Autographs

Autographs

Autographs

SCHOOL **Sketches**

Autographs

Autographs

SCHOOL **Sketches**

Autographs

Autographs

Autographs

Autographs

Autographs

SCHOOL **Sketches**

Autographs

SCHOOL **Sketches**

Autographs

Autographs

Autographs

Autographs

Autographs

Autographs

SCHOOL **Sketches**

Autographs

SCHOOL **Sketches**

Autographs

SCHOOL **Sketches**

Autographs

Autographs

Autographs

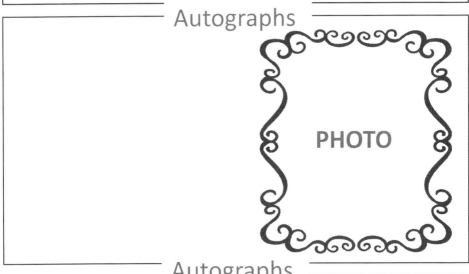

Autographs

Autographs

Autographs

SCHOOL **Sketches**

Autographs

SCHOOL **Sketches**

Autographs

Autographs

Autographs

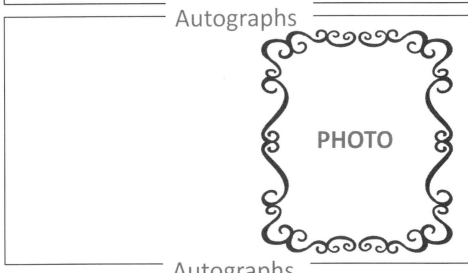

Autographs

Autographs

SCHOOL **Sketches**

Autographs

SCHOOL Sketches

Autographs

SCHOOL **Sketches**

Autographs

Autographs

Autographs

Autographs

Autographs

SCHOOL **Sketches**

Autographs

SCHOOL Sketches

Autographs

Autographs

Autographs

Autographs

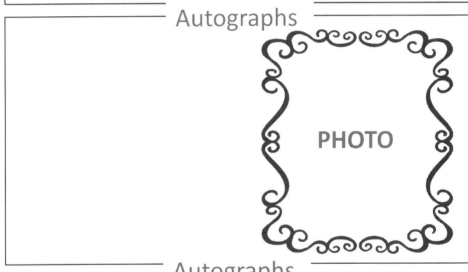

Autographs

Autographs

SCHOOL **Sketches**

Autographs

SCHOOL **Sketches**

Autographs

SCHOOL Sketches

Autographs

Autographs

Autographs

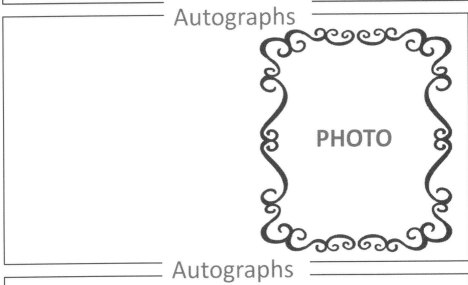

Autographs

Autographs

SCHOOL **Sketches**

Autographs

SCHOOL Sketches

Autographs

SCHOOL **Sketches**

Autographs

Autographs

Autographs

Autographs

Autographs

SCHOOL **Sketches**

Autographs

SCHOOL **Sketches**

Autographs

SCHOOL **Sketches**

Autographs

Autographs

Autographs

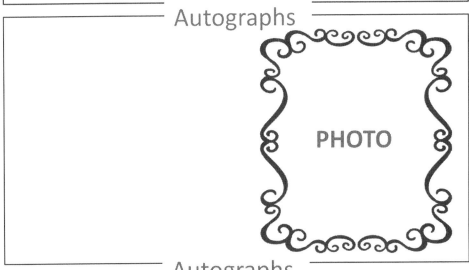

Autographs

Autographs

SCHOOL **Sketches**

Autographs

SCHOOL **Sketches**

SCHOOL PICTURES

SCHOOL Snapshots

SCHOOL PICTURES

SCHOOL Snapshots

Made in United States
Orlando, FL
14 June 2022